# UN
# CORSAIRE NANTAIS





BIBLIOTHÈQUE DES LECTURES INTÉRESSANTES, SÉRIE 5e.

Vaisseau abordé par un corsaire.

BIBLIOTHÈQUE DES LECTURES INTÉRESSANTES

---

Dr PHILIPPS

# UN
# CORSAIRE NANTAIS

PARIS
LIBRAIRIE GÉNÉRALE DE VULGARISATION
9, RUE DE VERNEUIL, 9

UN

# CORSAIRE NANTAIS

---

Avant de raconter les exploits maritimes de Jacques Cassard, l'un des plus audacieux et des plus intrépides corsaires dont s'enorgueillit le port de Nantes, cette pépinière de hardis marins, il n'est pas inutile de consacrer quelques pages préliminaires à l'histoire, en raccourci, des pirates, flibustiers et autres gens de sac et de corde qui, de tout temps, mais notamment aux XVIIe et XVIIIe siècles, ont écumé les mers, ravagé, pillé et mis à feu et à sang les côtes exposées à leurs désastreuses descentes.

On ne saurait le contester, le pirate flibustier est le grand aïeul du corsaire. Avec moins de cruauté, un peu plus d'honnêteté et surtout beaucoup plus de patriotisme, ils procèdent l'un de l'autre.

Ne remontons pas plus avant que le XVIIe siècle, et parlons seulement des flibustiers qui « opéraient » dans les Antilles.

Ces bandes, gens sans aveu, un peu de toutes les nations, se recrutaient principalement parmi les Français, les Anglais et les Espagnols. En haine de ces derniers, qui pouvaient être considérés comme indigènes, propriétaires du sol qu'ils ravageaient, Anglais et Français agissaient le plus souvent de concert, ou tout au moins se regardaient comme amis.

Cette « estimable » corporation était partagée en trois classes :

Les chasseurs, ou *boucaniers* proprement dits; — ceux, en petit nombre, qui s'adonnaient à la culture, et que, pour les distinguer des autres, on appelait *habitants ;* — enfin les *flibustiers*, dont la piraterie formait l'unique industrie.

Les premiers boucaniers étaient, pour la plupart, d'origine normande ou picarde. La misère les avait contraints d'émigrer ;

la persécution qu'ils éprouvèrent de la part des Espagnols excita leur courage par la soif des représailles, et en fit rapidement des hommes de guerre indomptables. Leur nom primitif dérive de la langue des Caraïbes. Ces anthropophages des Antilles coupaient en morceaux leurs prisonniers, et les faisaient cuire sur des espèces de claies qu'ils nommaient *barbacoa;* les lieux où se préparaient ces horribles festins s'appelaient, dans leur langue, *boucan ;* de là vint l'étymologie du mot *boucaner*, qui signifie tout à la fois rôtir et fumer les viandes.

Les premiers aventuriers qui se livrèrent aux Antilles à la chasse des bœufs sauvages, durent se mettre en contact immédiat avec les Caraïbes, apprirent d'eux les termes relatifs au métier qu'ils exerçaient, et se donnèrent eux-mêmes le nom de *boucaniers*. Ce nom ne désignait d'abord que les Français. Les Espagnols qui pratiquaient la même industrie se nommaient *matadores de tores*, tueurs de taureaux, ou *monteros*, coureurs de montagnes. Les Anglais prenaient le titre de *coulierdiers*, c'est-à-dire tueurs de vaches. — Plus tard, le terme de *boucanier* devint général pour qualifier tous les individus de cette profession.

Les uns ne s'exerçaient qu'à la chasse des bœufs, d'autres y joignaient celle du sanglier, dont la chair salée se vendait aux *habitants*. Leur matériel se composait de meutes de chiens, qu'ils employaient en commun, et d'un fusil d'une fabrication particulière, qu'ils tiraient de France et qui portait leur nom.

Pour tout vêtement, chacun d'eux était muni de deux chemises, d'un haut-de-chausses ou large culotte, et d'une casaque de drap grossier. Un bonnet de feutre ou de laine, et des souliers de peau de porc ou de vache complétaient cet accoutrement.

Dans leurs expéditions, ils emportaient une petite tente de toile très fine, qu'ils tordaient à la manière dont nos soldats roulent leurs capotes pour les porter en sautoir. Ainsi équipés, ils se joignaient deux à deux, et appelaient cette union *matelotage ;*

le survivant héritait de celui des deux qui mourait le premier. Outre cette communauté particulière, il régnait une association générale entre les boucaniers, en sorte que chacun d'eux pouvait faire venir d'un autre boucan les objets dont il manquait. Ils s'interdisaient toute espèce de clôture d'habitation ; une telle précaution eût été regardée par eux comme un crime de lèse-société au premier chef. Le *mien* et le *tien* étant des mots inconnus dans cette république, les contestations et les disputes n'y pouvaient surgir que très rarement, et l'arbitrage des voisins ou des amis communs suffisait pour les terminer. Mais si, malgré cette intervention officieuse, les adversaires persistaient dans leur animosité, ils vidaient leurs griefs par un duel au fusil, avec ou sans témoins. Tous deux se plaçaient à la distance convenue, et le sort marquait celui qui devait faire feu le premier ; s'il manquait son coup, l'autre tirait à volonté. Quand il y avait un mort, les boucaniers d'alentour s'assemblaient pour vérifier s'il avait été *bien* ou *mal* tué, s'il ne s'était pas commis de lâcheté à son égard, si la balle avait frappé en face. Toute blessure reçue par derrière ou trop de côté, imputait à son auteur le crime d'assassinat; le châtiment de cette perfidie ne se faisait pas attendre : le coupable était pendu à un arbre, ou fusillé.

Le code ou règlement de ces boucaniers était fort simple. Ils ne reconnaissaient d'autres lois que les conventions peu multipliées que nécessitait l'accord de leurs intérêts mutuels. Leur proposait-on d'y introduire des améliorations, ils répondaient froidement : « Ce n'est pas l'usage sur la côte. » Leurs anciennes idées de religion et de patrie leur faisaient regarder le gouverneur de la Tortue (1) comme une espèce de chef ; mais, à part cette subordination fort limitée, ils s'abandonnaient à toute la sauvagerie de leurs instincts.

(1) Ile ainsi nommée à cause de sa configuration, pouvant avoir environ seize lieues de tour. Elle est séparée de l'île Saint-Domingue par un canal large de huit kilomètres, et par lequel seulement elle est accessible. Capitale *Basse-Terre*, aujourd'hui chef-lieu de l'île de Saint-Christophe, une des Petites-Antilles sur la côte sud-ouest ; population 6,000 hab.

Ne pas confondre avec *Basse-Terre* (la), chef-lieu de l'île de la Guadeloupe.

Quiconque voulait devenir boucanier, devait renoncer à tous les usages de la vie sociale, et même à son nom de famille. Pour désigner les membres de la société, on donnait à chacun d'eux, soit un nom nouveau, soit une espèce de sobriquet, qui passait souvent à leurs descendants quand ils se mariaient. Quelques-uns ne déclaraient leur nom particulier qu'à l'époque où ils célébraient leur mariage ; de là ce proverbe encore usité dans les Antilles, qu'*on n'apprend à connaître les gens que lorsqu'ils se marient*. Mais ce lien mettait un terme à leur genre de vie antérieur ; ils cessaient, dès ce moment, de faire partie de la société des boucaniers, pour devenir des colons qui, sous le titre d'*habitants*, se soumettaient à l'autorité et aux ordonnances du gouverneur de la Tortue. Mais ce changement de position n'adoucissait point leurs mœurs, et leurs habitudes de sauvage liberté bravaient, la plupart du temps, le joug social qu'on prétendait leur imposer

Voici ce que racontait, à cet égard, dans sa relation publiée en 1775, un certain Olivier Oexmelin, qui fut longtemps leur compagnon d'aventures :

« Quand ils veulent commencer une habitation, ils s'associent ordinairement deux ensemble, quelquefois trois, et signent un contrat, par lequel ils mettent en commun tout ce qu'ils possèdent. Ce contrat n'a de durée que la volonté des parties. Si, pendant la société, l'un d'eux meurt, les survivants demeurent en pleine jouissance de tout le bien du défunt, sans aucun recours de la part des héritiers directs qui pourraient venir d'Europe le réclamer. Leurs conventions étant faites, ils demandent de la terre au gouverneur du pays, qui envoie un de ses officiers pour mesurer et circonscrire leur habitation. S'ils sont deux, on leur accorde ordinairement quatre cents pas géométriques de large, sur soixante de long. Pour profiter entièrement de cette place, ils abattent les arbres de haute futaie qui leur nuisent et en coupent les branches, qu'ils portent sécher, avec le menu bois qui leur est resté de leur petit bâtiment, dans un lieu exposé au soleil, où, quelque temps après, ils mettent le feu. Comme les troncs èt les souches de ces grands arbres coûteraient trop de temps à débiter, ils s'épargnent, en les brûlant, la peine et les frais de les transporter plus loin. Les sauvages font leurs habitations et se débarrassent de la même manière du surplus des matériaux. Pour édifier le logis, les habitants commencent par couper six ou sept toises de bois sur un espace carré, qu'ils plantent en légumes de croissance rapide. Après avoir ainsi pourvu à leur nourriture à venir, ils s'occupent de la construction d'une grande loge, qu'ils nomment *case*, à l'imitation des espagnols. Ils en sont eux-mêmes, avec leurs voisins, les charpentiers et les entrepreneurs; chacun y donne son avis. Pour débuter, ils taillent en fourches trois ou quatre arbres de quinze à seize pieds de haut, qu'ils enfoncent en terre ; et sur ces fourches ils appuient une pièce de bois qui forme le faîte. A six pieds de là, ils en placent, de chaque côté, huit autres qui n'ont que six à sept pieds de hauteur, et sur les fourches desquels ils posent pareillement des pièces de bois qu'ils nomment *filières*. Enfin, de deux en deux pieds, ils mettent des traverses, c'est-à-dire de nouvelles pièces de bois qui s'accrochent sur le faîte par le moyen d'une cheville, et dont le bout opposé vient reposer sur les filières. Quand cette carcasse est achevée, ils amassent quantité de feuilles de palmier, ou de roseau, ou de cannes à sucre, pour couvrir le bâtiment, et les voisins s'entr'aident pour activer ce travail. En un jour la case est couverte ; on la ferme ensuite tout autour avec des palissades formées de roseaux tressés, et soutenues par des planches de palmier. Autour des parois intérieures de la case on plante, à la hauteur de deux ou trois pieds hors de terre, quantité de petites fourches sur lesquelles on étaye des bâtons entrelacés en forme de claies. Les habitants jettent là-dessus des paillasses remplies de feuilles de bananier, et chacun a la sienne, garnie d'une tente de toile blanche qu'on nomme pavillon. La case étant construite, le maître donne pour récompense, à ceux qui l'ont aidé, quelques flacons d'eau-de-vie.

« L'habitant ainsi accommodé est au-dessus de ses affaires, il n'a plus qu'à s'occuper des vivres qu'il a plantés, et à abattre les bois pour déblayer un espace suffisant à la culture du tabac. Ce lieu, pour être net et bien entretenu, a besoin d'un sarclage par semaine ; son étendue varie selon le nombre de bras qu'on peut y employer : un homme suffit pour deux mille pieds de tabac. Pendant sa croissance, on bâtit une ou deux cases pour le serrer après la récolte, en attendant l'occasion de l'exporter en France, où il s'échange contre d'autres marchandises, comme ustensiles de jardinage, toiles communes, vins et liqueurs.

« Quand les *habitants* ont recueilli quelques économies, ils passent en France pour y acheter eux-mêmes des pacotilles de diverses denrées, et engager à leur service des ouvriers ou des manœuvres. Comme ils sont ordinairement deux associés, l'un reste à la case pendant que l'autre s'absente. Au retour de ce voyage, tous deux dressent au travail les nouveaux venus. Ils en font commerce les uns avec les autres, et se les vendent pour trois ans moyennant une somme convenue.

« Ces victimes d'une espèce de traite des blancs se nomment *engagés*. Si un seul habitant en possède plusieurs, il ne travaille plus par lui-même ; mais il désigne un *commandeur* pour les surveiller, moyennant deux mille livres de tabac qu'on lui abandonne, ou une part des produits quelconques de l'habitation. Dès que le jour paraît, ce commandeur éveille ses gens par un coup de sifflet, et les conduit à leur tâche, à laquelle il préside, armé d'une liane dont il les frappe à la moindre faute ou négligence. J'en ai vu battre quelques-uns au point que ces malheureux ne pouvaient plus se relever. On les jette alors dans un trou, et il n'en est plus question. J'ai connu un habitant qui, ayant un engagé dangereusement malade, le fit lever pour tourner une meule à aiguiser ; et ce pauvre diable n'ayant pas la force d'obéir, reçut de son maître impatienté un coup de hache entre les deux épaules, dont il mourut deux heures après.

« Un autre habitant de Saint-Christophe, nommé Belle-Tête, et natif de Dieppe, se faisait gloire d'assommer ses engagés, quand ils ne travaillaient pas à sa guise. J'ai ouï dire à ses parents qu'il en avait ainsi assassiné plus de trois cents, et il publiait qu'ils étaient morts de paresse. Un prêtre lui ayant fait quelques remontrances à ce sujet, il répondit brutalement qu'il avait été lui-même *engagé*, et qu'alors on ne l'épargnait pas; qu'au surplus il n'était venu aux îles que pour gagner de l'argent, et que, pourvu qu'un jour ses enfants allassent en carrosse, il ne se mettait pas en peine d'*aller au diable*. Un bonhomme extrêmement pauvre, du même pays, ayant appris que son fils était richement établi à la Guadeloupe, s'engagea à un marchand qui avait reçu de l'argent de ce fils pour lui embaucher des travailleurs. Le marchand s'imagina qu'il rendrait un bon office au fils en lui amenant son père, et le père se crut à la fin de ses peines; mais il fut bien trompé dans son attente, car ce fils dénaturé l'envoya travailler sous le bâton du commandeur, et comme l'âge et la faiblesse ne lui permettaient pas de faire beaucoup de besogne, il le vendit à un autre habitant, qui, plus généreux, donna à cet infortuné de quoi vivre et la liberté.

« Il n'est pas besoin, d'ailleurs, que je cite à l'appui de ces faits d'autres aventures que la mienne. Par suite d'événements qui n'intéressent que moi seul, je m'étais embarqué au Havre, le 2 mai 1666, sur le vaisseau *Saint-Jean*, de la compagnie des Indes-Occidentales. Après une navigation pénible, nous arrivâmes, le 6 juillet, au mouillage du port Margot, à Saint-Domingue, où M. d'Ogeron, gouverneur de la Tortue, avait une belle habitation. Il vint en canot nous visiter, accompagné de six individus, dont l'aspect frappa de surprise mes compagnons de voyage, dont la plupart n'étaient jamais sortis de France. Ces personnages n'avaient pour tout habillement qu'une petite casaque de toile, et un caleçon qui ne leur venait qu'à moitié de la cuisse. Il fallait les regarder de près pour savoir si ce vêtement était de toile, ou non, car il était tout souillé de sang. Outre cela, ils avaient tous le visage singulièrement basané, les cheveux hérissés, la barbe longue, et la ceinture garnie de quatre couteaux avec une baïonnette. Nous sûmes depuis que c'étaient des boucaniers. Ceux-ci nous apportèrent trois sangliers, et, en retour, nous les régalâmes d'eau-de-vie.

« Le lendemain matin, à la pointe du jour, nous fîmes voile pour l'île de la Tortue, dont nous n'étions qu'à sept lieues. Dès que nous eûmes jeté l'ancre, et que notre navire fut en parage, nous descendîmes à terre pour aller saluer le gouverneur, qui nous attendait sur la grève avec les principaux habitants de l'île. Il nous reçut très bien, et dès ce premier jour, j'eus le bonheur de recevoir des marques de la grande bonté qu'il n'a cessé de me témoigner en d'autres circonstances. Tous ceux qui, comme moi, étaient engagés au service de la Compagnie, furent conduits au magasin du commis-général, à qui le capitaine de notre vaisseau apporta les dépêches qui contenaient des ordres. On nous donna deux jours pour nous rafraîchir et nous promener dans l'île, en attendant qu'on eût déterminé les emplois qui nous seraient assignés. Les paquets ouverts, on trouva que la Compagnie déposait le sieur Legris de ses fonctions de commis-général et qu'elle donnait son poste au sieur de Lavie, qui était lieutenant de l'île, avec ordre de nous vendre immédiatement, et de renvoyer en France le sieur Legris, pour y rendre ses comptes. Le délai qu'on nous avait accordé étant expiré, nous fûmes exposés en vente, au prix de trente écus par tête. Moyennant cette somme, la Compagnie nous louait, pour trois années, aux habitants qui s'accommoderaient de nous. M. d'Ogeron voyant bien, à mon air désespéré, que, si je tombais au pouvoir d'un maître dur, je ne résisterais pas à cet esclavage imprévu, avait envie de m'acheter pour me renvoyer en France; mais le sieur de Lavie m'avait déjà choisi, et repoussa toutes ses propositions. Bien plus, comme s'il eût voulu me punir des plaintes assez vives que son opiniâtreté lui avait attirées, cet homme impitoyable me condamna aux travaux les plus dégoûtants. J'offris de lui payer tous les jours deux écus, pour qu'il me permît d'exercer ma profession, et cette grâce me fut refusée.

« Un an après mon arrivée, je tombai malade d'épuisement et de chagrin; la force de mon tempérament ne me sauva de la mort que pour me faire essuyer d'autres misères. J'avais faim, et mon maître me refusant les plus chétifs aliments, j'étais réduit à sucer des oranges amères. Je m'échappai un jour du fort de la Roche, où demeurait M. de Lavie, et je m'enfuis à la Basse-Terre. Le secrétaire du gouverneur me rencontra; il eut pitié de moi, me mena chez lui, et, après m'avoir donné à manger, m'obligea d'emporter une bouteille de vin. Mais, à mon retour au fort, mon maître me fit dépouiller, et me jeta dans une basse-fosse, avec menace de m'y laisser mourir, en dépit de M. d'Ogeron. Après avoir passé trois jours et trois nuits, les fers aux pieds, dans ce cachot rempli d'immondices, je vis la porte s'ouvrir, et le commandeur me somma de révéler les prétendues plaintes que j'avais, dit-il, portées au gouverneur. Je répondis que, dussé-je périr, je n'avouerais jamais une démarche que je n'avais point faite. Rassuré par ce serment, mon maître me laissa sortir pour travailler au défrichement du terrain qui entoure le fort. Dès que je me vis moins surveillé, je quittai tout, résolu d'aller cette fois implorer la protection du chef de la colonie. Un capucin, qui me trouva sur la route, vivement ému du récit de mes souffrances, me conduisit lui-même chez le gouverneur. Ce fut le terme de mon esclavage. Cet homme vénérable, usant en ma faveur de son autorité, remboursa de ses deniers, à M. de Lavie, les trente écus que je lui avais coûtés, et me prit à son service. C'est ainsi que je fus soustrait à la barbarie de ce misérable, qui, de retour en France, quelque temps après, n'eut pas honte d'aller dire à ma famille que j'étais un mauvais sujet qu'il avait comblé de bienfaits.

« Les Anglais traitent leurs engagés encore plus durement que les Français; ils les retiennent pour sept ans, au bout desquels ils leur donnent à boire, et profitent de leur ivresse pour leur faire signer un nouveau bail de servitude. J'en ai vu qui avaient été esclaves pendant vingt-huit ans. Cromwell a vendu plus de dix mille Écossais ou Irlandais aux colons de la Barbade. Il s'en sauva un jour un plein navire que le courant porta vers Saint-Domingue ; les vivres leur manquant, et ces infortunés ne sachant où ils se trouvaient, ils périrent tous de misère et de faim. Leurs os se voient encore près du cap Tibron, sur une plage qui a pris de cet événement le nom d'*Anse aux Hibernois*. »

Malgré les privations de toute espèce inséparables de la vie nomade, les boucaniers furent longtemps à s'apercevoir d'une misère que leurs compatriotes européens n'eussent envisagée qu'avec effroi : leur santé robuste ne s'affaiblissait que sous le poids des ans. Quelques-uns, et c'étaient les plus sages ou, si l'on veut, les plus efféminés, ne s'y livraient que pendant un certain temps, se séparaient ensuite de leurs frères et devenaient colons ; mais le plus grand nombre répugnaient à changer d'habitudes, et, renonçant même parfois à des héritages considérables qu'ils auraient pu aller recueillir en Europe, restaient boucaniers jusqu'à leur mort.

Leurs principaux repaires ou *boucans* étaient dans la presqu'île de Savanah, sur la côte septentrionale de Saint-Domingue ; dans un îlot de la baie de Baya, ou du Fort-Dauphin ; sur d'autres points de la côte nord de Saint-Domingue, au port Margot, à la Tortue, dans la Savane-Brûlée, le Mirbalais, et l'île de la partie sud de Saint-Domingue, connue des Français sous le nom de la Vache. C'est là qu'ils se livraient paisiblement à leurs grossières occupations, lorsque les Espagnols, sans songer que le trafic innocent de ces étrangers était avantageux à leur propre nation, imaginèrent de les chasser de Saint-Domingue, ou plutôt, s'il était possible, de les détruire entièrement. Ce barbare projet semblait d'une exécution facile. Renouvelant le plan qu'ils avaient suivi avec le plus déplorable succès contre les malheureux Caraïbes, les Espagnols attaquèrent les boucaniers épars çà et là, sans méfiance comme sans intentions hostiles; ils en massacrèrent une partie, et traînèrent les autres dans l'esclavage. Depuis cette époque, les chasseurs se tinrent sur leurs gardes, ne marchèrent plus que par petits détachements, toujours prêts à se défendre, et, quand ils furent de nouveau assaillis par leurs ennemis, ils déployèrent tant de courage et d'acharnement, que, malgré l'infériorité du nombre, l'avantage leur resta.

Cette guerre prit alors une nouvelle forme. Les Espagnols renoncèrent à ces chasses aux hommes, qui avaient coûté la vie aux plus hardis de leurs traqueurs. Ils vinrent surprendre de nuit les boucaniers dans leurs retraites, et tuèrent tous ceux qui n'eurent pas le temps de fuir. Ces cruautés exaspérèrent les boucaniers, qui, prenant à leur tour l'offensive, rendirent à leurs persécuteurs carnage pour carnage. Les Espagnols parurent un moment profiter de cette leçon, mais leur inaction n'était qu'une trêve : ils attendaient des renforts. De leur côté, les boucaniers avaient appelé à leur secours les Français de la Tortue et des îles voisines. Une masse d'aventuriers accoururent se joindre à eux, les uns par haine contre l'Espagne, les autres attirés par l'espoir d'un riche butin. De part et d'autre, on se battit sans relâche ; le sol de Saint-Domingue fut abreuvé de sang, et l'un des théâtres de ces luttes furieuses a conservé jusqu'à nos jours le nom de *Champ de massacre.*

Ces événements se passèrent de 1660 à 1663. Le gouverneur français de la Tortue n'y avait pris part qu'avec les ménagements d'une prudente politique ; car, à cette époque, la situation de la France et ses rapports avec le reste de l'Europe ne lui permettaient pas de protéger ouvertement ses boucaniers. Mais le gouvernement espagnol, averti de l'état de sa colonie, crut ne pouvoir sauver Saint-Domingue, et même son commerce dans le Nouveau-Monde, qu'en expulsant tous les Français de cette île, et même de la Tortue. Il envoya en Amérique l'ordre de rassembler un corps de troupes pris dans les îles voisines et sur le continent, et le commandement en fut confié à un ancien officier flamand, nommé Van-Delmoff, qui avait servi avec quelque distinction dans les Pays-Bas. Des récompenses considérables furent promises aux soldats qui se distingueraient dans la guerre qu'on allait entreprendre. Van-Delmoff arriva à Saint-Domingue en 1663, et peu de jours après commença ses opérations. Le principal asile des boucaniers se trouvant à Savanah, c'est là qu'il se proposa de les attaquer. Il prit cinq cents hommes d'élite, se mit à leur tête, et, pourvu de toutes les munitions de guerre qui accompagnent un corps de troupes européennes, il s'avança rapidement et aussi secrètement qu'il lui fut possible. Mais les boucaniers furent informés de sa marche par un de leurs chasseurs, lorsqu'il n'était plus qu'à quelques lieues. Leur nombre, en ce moment, ne s'élevait pas à plus de cent hommes. Ils pouvaient encore se sauver et atteindre avec sûreté des habitations plus éloignées ;

mais ils trouvèrent de la honte à fuir, et se déterminèrent à prendre eux-mêmes l'offensive. Tout à coup ils paraissent à la descente d'une montagne, au grand étonnement de leurs ennemis. Plein de dédain pour de semblables adversaires, Van-Delmoff était loin de compter sur une vigilance qui pût faire avorter son plan ; la supériorité de ses forces, l'avantage des armes et de la tactique, lui promettaient la victoire. Cependant il se voit attaqué avec une résolution foudroyante ; ses troupes déconcertées, plient et se débandent ; il essaye en vain de les rallier, et il tombe mortellement blessé sur le champ de bataille, avec ses meilleurs soldats.

Un revers aussi inattendu jeta les Espagnols dans un profond découragement. Aux attaques combinées, ils substituèrent de nouveau la petite guerre de partisans. Les boucaniers, qui ne demandaient qu'à vivre en paix, se décidèrent alors à transporter leurs foyers dans les petites îles qui environnent Saint-Domingue, et à ne plus venir chasser qu'en corps nombreux dans la grande île ; ainsi la guerre se ralentit, faute d'aliments.

Lorsque les boucans furent établis dans des lieux sûrs, ils se convertirent successivement en habitations sédentaires, où des colons et des trafiquants vinrent s'établir. Telle fut l'origine de l'établissement de Baya, où la nature avait elle-même formé un des ports les plus beaux et les plus spacieux de l'Amérique. Il était d'ailleurs dans le voisinage de la Tortue, où les boucaniers pouvaient se rendre en peu d'heures, pour y vendre leurs viandes et leurs peaux, et se pourvoir du peu d'ustensiles qu'exigeait leur profession. Les avantages du port de Baya leur épargnaient même ce court trajet; car bientôt les navires français et hollandais en prirent la route, pour leur acheter des marchandises et fournir à leurs besoins.

La guerre, cependant, n'avait pas entièrement cessé. Les boucaniers passaient journellement à Saint-Domingue, pour y chasser ; et, de temps en temps, les Espagnols, toujours supérieurs en nombre, cherchaient à les surprendre, et égorgeaient sans pitié tous ceux qu'ils pouvaient saisir.

Mais la mort d'un chasseur était, chaque fois, le signal d'une prise d'armes générale ; tous les autres abandonnaient leurs travaux pour tenter une expédition de représailles. Ils remarquent un jour que quatre de leurs compagnons ont disparu : ils se décident aussitôt à passer en masse à Saint-Domingue, et à ne point se séparer qu'ils n'aient retrouvé ou vengé ceux qu'ils croient victimes d'un meurtre. Ils débarquent et font quelques prisonniers qui leur avouent le sort qu'ont subi les malheureux Français. Ces prisonniers sont immolés sur le champ ; mais ce n'est pas assez de leur sang pour assouvir la soif de vengeance qui dévore les boucaniers furieux. Les habitations espagnoles sont livrées au pillage, les colons taillés en pièces, et la guerre recommence avec plus d'acharnement que jamais. Peu de temps après, deux cents Espagnols embusqués passent au fil de l'épée trente bou caniers au moment où, venant de Baya, ils débarquent sur la grande île. Quelques jours plus tard, un autre corps de chasseurs est pareillement détruit. Dès lors, tous les aventuriers français déclarèrent à leurs ennemis une lutte sans merci ; poussant jusqu'à l'extrême les effets de leur haine, ils l'exercèrent, sans distinction de sexe ni d'âge, et l'effroi de leur nom se propagea de plus en plus. C'est alors que, convaincus de l'impossibilité de se débarrasser de leurs voisins par les armes, les Espagnols eurent recours à un moyen bizarre : ce fut de leur enlever leurs moyens de subsistances, en ordonnant une chasse générale aux taureaux, dans toute l'île ; et ils la poursuivirent avec tant d'ardeur et de persévérance, que presque toute la race de ces animaux fut détruite. Les boucaniers se trouvèrent ainsi dénués d'occupation et de ressources, et se virent contraints d'embrasser un autre genre de vie. Plusieurs s'établirent comme colons à Baya, à la Tortue, et dans les autres petites îles adjacentes. Mais le plus grand nombre, accoutumés aux dangers, dédaignant une existence paisible et soumise à des lois, regardant même la culture des champs comme déshonorante, n'éprouvèrent plus qu'une passion, que les derniers événements avaient encore exaltée, celle de se venger des Espagnols. Dans cette vue, ils se réunirent aux bandes de flibustiers, qui commençaient à se faire une réputation sous le nom de *Frères de la Côte*, mais qui ne devinrent réellement redoutables qu'après leur fusion avec les boucaniers.

L'association des *Frères de la Côte* eut de si faibles commencements qu'elle n'attira point d'abord les regards des Espagnols. Ces téméraires aventuriers possédaient à peine quelques barques, sur lesquelles ils s'embarquaient presque sans munitions et fort souvent sans vivres Ignorant à peu près l'art de la navigation, dénués d'argent et des ressources les plus communes, ils substituèrent l'audace à tout ce qui leur manquait, et leur fortune naquit de leurs succès. A leur début, ils formèrent entre eux de petites sociétés, qu'à l'exemple des boucaniers ils nommaient *matelotages*. Ces fédérations se composaient de vingt à trente individus, qui se procuraient un bateau, s'entassaient sur cet espace étroit, et partaient pour la course. Leurs premières expéditions se bornèrent à la capture de faibles bâtiments de commerce ; mais dès qu'ils se furent ainsi familiarisés avec les périls de la mer et les scènes d'abordage, ils s'enhardirent jusqu'à livrer le combat à des navires de haut bord, et même aux vaisseaux de guerre les plus redoutables. Une circonstance heureuse les secondait parfaitement, c'était l'innombrable quantité de ports naturels, de golfes, de criques et de petites îles, désertes pour la plupart, mais où abondaient les vivres, tels que poissons, tortues, oiseaux de mer, et où se trouvaient des sources d'eau douce. Ces îles, très accessibles pour de légères embarcations, n'offraient que des bas-fonds semés d'écueils aux navires qui se seraient lancés à la poursuite des Frères de la Côte.

Les débuts de ces aventuriers apparaissent avec le XVIIe siècle. Ce ne furent que des essais de piraterie vulgaire, dont les auteurs étaient loin de prévoir que leurs successeurs atteindraient à un degré de puissance capable de faire trembler l'Espagne, et de promener sur toutes les routes de la mer d'Amérique leur pavillon victorieux. Lorsque la richesse de leurs prises les mit à même de développer leurs armements, ils ne se bornèrent plus à infester les parages des Indes-Occidentales; on les vit entreprendre des voyages de plus long cours, et s'étendre, en longeant les Açores et les îles du Cap-Vert, jusqu'à la côte de Guinée vers l'est, et jusqu'au Brésil dans l'ouest. Quelques-uns même se montrèrent sur les rivages des Indes-Orientales, et, au retour de leurs expéditions, formèrent dans l'île de Madagascar un centre de ralliement. Mais trop isolés pour résister aux attaques dont ils devinrent l'objet. Ils succombèrent à peu près tous. Ces revers donnèrent aux autres une leçon de prudence, et les mers des Indes-Occidentales restèrent le principal theâtre de la flibusterie.

Nous allons voir que le héros Nantais, dont nous allons maintenant nous occuper, ne dédaigna pas, au cours de ses expéditions, de s'assurer le concours de flibustiers descendants de ceux décimés par les Espagnols.

---

# JACQUES CASSARD

## CORSAIRE DE NANTES

## (1672-1740)

Un des faits les plus remarquables, non seulement de notre histoire nationale, mais de l'histoire universelle, c'est que ce n'est point, quoi qu'on ait dit, dans les rangs de la noblesse qu'on retrouve la mémoire des plus illustres services rendus à la patrie. Les découvertes du génie, les prodiges du dévouement, sont, de tout temps, sortis du peuple. Christophe Colomb, simple pilote, trouve le Nouveau-Monde; un ouvrier, Gutemberg, invente l'imprimerie; une humble paysanne, Jeanne Darc, relève la France humiliée devant les Anglais; un pauvre enfant de Genève, vagabond, mendiant, puis laquais, Jean-Jacques Rousseau, révèle aux races opprimées la route qui doit les conduire un jour à l'affranchissement social; et des hommes, sortis de l'obscurité, enrichissent de tous les trésors du génie, de toutes les splendeurs de la gloire, ce dix-septième siècle que la vanité du despotisme avait appelé siècle du grand roi.

Après Duguay-Trouin, dit un savant historiographe de la marine française, les capitaines en course les plus renommés étaient Jean-Bart, de Dunkerque, et deux Nantais, Vié et Cassard.

Vié, né vers l'année 1672, avait commencé à naviguer vers 1688, en qualité de volontaire sur de petits bâtiments corsaires; puis on l'avait connu pilote sur le navire *le Brave*, à la bataille de la Hougue. En 1703, il avait commandé successivement plusieurs bâtiments pour le compte d'une compagnie d'armateurs de Saint-Malo. Dans le cours des quatre années suivantes, il prit à lui seul aux alliés plus de cinquante navires richement chargés. Avec un seul bâtiment de vingt-six pièces de canon, il fit prisonnier lord Hamilton, gouverneur des Antilles anglaises, quoique celui-ci fût escorté de deux navires, l'un de vingt-quatre, l'autre de dix-huit canons.

Mais celui des deux Nantais qui devait attirer le plus particulièrement l'attention générale, et porter le plus loin la terreur et l'éclat de son nom, c'était Jacques Cassard, né aussi en 1672, d'un père qui était capitaine dans la marine marchande. Cassard avait fait son noviciat de marin à Saint-Malo. Il avait suivi M. de Pointis dans son expédition de Carthagène, et avait su, dans le périlleux service des galiotes à bombes, se faire remarquer de cet officier général. Dès le commencement de la guerre de Succession d'Espagne, Cassard avait repris la course pour le compte de quelques habitants de sa ville natale, et le bruit de ses jeunes exploits parvint jusqu'à la cour. Louis XIV fut curieux de le voir, le fit appeler à Versailles, et après un instant d'entretien, lui annonça qu'il lui donnait une gratification et le nommait lieutenant de frégate. Le grand roi avait donc encore quelques bons moments, quelques inspirations heureuses qui rappelaient les beaux jours de sa gloire.

C'est à dater du 24 août 1704, époque de la malheureuse bataille de Velez-Malaga, que Louis XIV ne sut plus réussir à mettre des flottes à la mer. Il n'eut dès lors que de petites escadres, équipées de compte à demi avec les armateurs, et uniquement occupées à croiser pour ruiner le commerce des alliés ; et encore, ces escadres, en tant que marine royale, disparurent bientôt elles-mêmes. Le secrétaire d'État Jérôme Pontchartrain dépensa toute son activité à les anéantir. Non seulement il ne renouvela plus, il ne répara plus les vaisseaux de l'État, mais il les fit dépecer et vendre pièce à pièce. Les officiers de la marine en furent réduits plus d'une fois à solliciter leurs appointements comme une aumône, et on les vit condamnés à servir pour le compte des armateurs. Les troupes et les équipages des vaisseaux du roi en firent autant, pour ne pas mourir de faim.

Revenons à Jacques Cassard.

Alors que Duguay-Trouin revenait de sa brillante expédition de Rio-Janeiro, Cassard faisait voile de Toulon pour les mêmes mers, avec une escadre de trois vaisseaux, cinq frégates, et deux caiches ou ketchs, bâtiments à deux mâts, carrés de l'arrière, ornés d'une élégante poulaine à l'avant, et particulièrement en usage, à cette époque, chez les Anglais. Cassard avait sous ses ordres des officiers de marine dont les noms étaient déjà célèbres ou devaient bientôt le devenir. C'étaient, entre autres, un descendant du baron de la Garde, un Sabran, un de Pienne, un de Grasse. La jeune noblesse de France, à défaut de marine royale pour faire briller sa valeur, n'hésitait en aucune occasion à servir sous les armateurs; outre que ceux-ci la conduisaient à la gloire, ils la menaient aussi souvent à la fortune. Chemin faisant pour l'Amérique,

Cassard s'arrêta dans le courant du mois de mai 1712, avec son escadre, aux îles du Cap-Vert, qui appartenaient au Portugal, et résolut de prendre ou tout au moins de mettre à contribution San-Yago, la plus importante d'entre elles. Après s'être emparé d'un vaisseau de guerre anglais qu'il rencontra dans ces parages, il fit une descente au port de la Praya (1), le principal de l'île, et força le gouverneur portugais à rendre cette place ; puis, se dirigeant vers Rebeira-Grande (2), capitale de San-Yago, à laquelle on ne pouvait arriver que par un défilé des plus périlleux, il la somma fière-

(1) Aujourd'hui Villa-da-Praya, chef-lieu de l'île de San-Yago (province du Cap-Vert), possession du Portugal.

(2) Aujourd'hui ville épiscopale.

ment d'ouvrir ses portes. Bien qu'il se trouvât alors, dans la ville ou aux environs, plus de douze mille personnes en état de porter les armes, Ribeira-Grande fut lâchement abandonnée par son gouverneur, par sa garnison et par ses habitants. Cassard en fit sauter les forts, en enleva ou creva les canons, et mit le feu à la ville pour la punir d'une perfidie dont elle s'était rendue coupable vis-à-vis de lui. Il y avait préalablement ramassé un si grand butin pour l'envoyer sur ses vaisseaux, qu'on fut obligé d'en abandonner une partie, évaluée à plus d'un million, de peur de trop charger l'escadre. Cassard se rembarqua, après avoir complètement ruiné l'île de San-Yago, entrepôt des Portugais dans leur commerce avec la côte occidentale d'Afrique, et traita de la même manière plusieurs des autres îles du Cap-Vert. Gagnant ensuite les eaux de l'Amérique, il alla déposer ses trésors et réparer ses vaisseaux à la Martinique.

Les flibustiers de Saint-Domingue se souvenaient d'avoir vu Cassard à l'attaque de Carthagène ; son intrépidité, son génie entreprenant leur était connus; ils lui demandèrent tous à se réunir, avec quelques bâtiments légers, à son escadre, et à faire partie des expéditions qu'il était près de diriger contre plusieurs des établissements anglais et hollandais en Amérique. Cassard savait ce que valaient ces hommes, pour servir les projets dans lesquels la promptitude et l'audace sont, pour moitié, les garants de la victoire. Non seulement il accueillit, mais il rechercha les flibustiers. Ainsi renforcé, il alla attaquer, au mois de juillet 1712, l'île de Montserrat, l'une des Antilles, qui était devenue colonie anglaise. Ayant rangé ses vaisseaux le long du rivage, il opéra sa descente à la faveur de son artillerie, et sans perdre un seul homme. Faisant ensuite transporter ses canons à terre, il les dirigea contre la ville, dans laquelle il jeta bientôt un tel effroi, qu'on la lui abandonna avec tout ce qu'elle contenait de plus précieux.

Cassard, en cette circonstance, n'eut garde de se conduire vis-à-vis des flibustiers, comme avait fait M. de Pointis à Carthagène ; il leur donna loyalement la part de butin à laquelle ils avaient droit, et put ainsi s'assurer de leur concours pour le reste de la campagne. Les richesses enlevées dans l'île de Montserrat, parmi lesquelles se trouvaient une grande quantité de nègres, furent immédiatement dirigées sur la Martinique, en même temps que quatre bâtiments anglais, remplis d'objets de valeur, dont on s'était également emparé.

L'île d'Antigoa, qui était aussi l'une des colonies des Anglais aux Antilles, fut choisie presque immédiatement pour nouveau but des attaques de Cassard. Il y débarqua de la même manière qu'à Montserrat, en protégeant la descente de ses troupes de tout le feu de l'artillerie de ses vaisseaux. Les Anglais, saisis de terreur, abandonnèrent toutes les positions, toute la fortune qu'ils possédaient à Antigoa. Cassard resta huit jours dans cette île, enlevant à son aise, et faisant transporter sur son escadre tout ce qui lui convenait. Quand ses vaisseaux furent remplis de nouveaux trésors, il leur fit faire voile une troisième fois pour la Martinique, afin de les décharger. La Martinique était devenue le centre de ses opérations, et l'asile assuré dans lequel il venait entasser les richesses qu'il conquérait ; et, à chaque fois qu'un pavillon triomphant apparaissait à l'horizon, les habitants d'accourir en foule sur la côte, en applaudissant et en s'écriant : « C'est encore Cassard, avec les trésors de l'ennemi ! »

Ce brave corsaire, malgré la faiblesse de

son escadre et le peu de monde dont il pouvait disposer, osa tourner ses vues sur la puissante colonie que les Hollandais avaient fondée à la Guyane, et balancer, par l'attaque de Surinam, la gloire de Duguay-Trouin à Rio-Janeiro.

La Guyane hollandaise est limitée à l'orient par l'Océan, au nord, par le fleuve Orénoque, au midi, par l'Amazone, et au couchant, par le Rio-Negro, qui joint ces deux cours d'eau, les plus grands de l'Amérique méridionale. Sous cet aspect, la Guyane semble former une île immense, qui a deux cents lieues au moins du nord au sud, et plus de trois cents de l'est à l'ouest.

Les peuples qui erraient autrefois dans ce

vaste espace si heureusement circonscrit avant l'arrivée des Européens, étaient divisés en plusieurs nations, toutes peu nombreuses. Les Caraïbes seuls, que leur nombre et leur courage rendaient les plus inquiets, se distinguaient par un usage remarquable dans le choix de leurs chefs. Il fallait avoir, pour conduire un tel peuple, plus de vigueur, d'intrépidité, d'adresse même que personne, et montrer ces qualités par des preuves sensibles et publiques. L'homme qui ambitionnait le droit de marcher à la tête de ses compatriotes, devait connaître d'avance tous les lieux propres à la pêche, à la chasse, toutes les fontaines et tous les sentiers. Il soutenait d'abord des jeûnes longs et rigoureux ; on lui faisait porter ensuite des fardeaux d'une pesanteur énorme; il passait la plupart des nuits en sentinelle à la porte du village ou *carbet;* on l'enterrait ensuite, nu jusqu'à la ceinture, dans une fourmilière où il restait, pendant un temps considérable, exposé aux piqûres sanglantes de plusieurs milliers d'insectes. S'il parvenait à supporter cette initiation terrible, s'il montrait constamment une force d'âme et de corps à l'épreuve des dangers et des fléaux auxquels la nature soumet l'existence des sauvages, s'il était, en un mot, l'homme inaccessible à la crainte comme à la souffrance, les suffrages unanimes de sa peuplade se réunissaient sur lui. Cependant, comme s'il eût senti les redoutables devoirs qu'impose l'honneur de commander à ses semblables, il devait, aussitôt délivré de ses épreuves, se dérober à tous les regards, et aller se cacher au plus épais de la forêt voisine. Tous les guerriers de la peuplade se mettaient aussitôt à sa recherche, et l'on jugeait que l'homme qui fuit la souveraineté était le plus digne d'être investi de ses droits. Dès qu'il était découvert, on l'amenait au milieu de l'assemblée générale; chacun des assistants lui mettait le pied sur la tête, pour lui faire connaitre, qu'étant tiré de la poussière par ses égaux, ceux-ci pouvaient l'y faire rentrer, s'il manquait aux devoirs de son nouvel état. C'était la cérémonie de son couronnement.

Après cette leçon politique, si expressive

dans sa bizarre simplicité, tous les arcs, toutes les flèches tombaient à ses pieds, et la peuplade obéissait à ses lois, ou plutôt à ses exemples.

Tels étaient les habitants de la Guyane, lorsque l'Espagnol Alfonse Ojéda y aborda le premier, en 1499, avec Américo Vespucci et Juan de La Casa. Il en parcourut une partie. Ce voyage ne procura que des notions superficielles d'un si vaste pays. On en fit beaucoup d'autres qui, entrepris à plus grands frais, n'en furent que plus malheureux. Cependant on les multiplia, par un motif qui a toujours trompé et qui trompera toujours les hommes. Un bruit s'était répandu, sans qu'on en sache l'origine, qu'il y avait, dans l'intérieur de la

Guyane, un pays désigné sous le nom d'El-Dorado, qui renfermait des richesses immenses en or et en pierreries, plus de mines que Cortez et Pizarre n'en avaient jamais trouvé. Cette fable n'enflammait pas seulement l'imagination, naturellement ardente des Espagnols, elle échauffait aussi la cupidité de tous les peuples de l'Europe. Cet enthousiasme saisit particulièrement un Anglais, Walter Raleigh, un des hommes les plus extraordinaires qu'ait produits la région la plus féconde en caractères singuliers. Ce Raleigh avait une extrême passion pour toutes les entreprises aventureuses qui pouvaient ajouter à l'éclat de son nom. Ce tour d'esprit le détermina, en 1595, au voyage de la Guyane; mais il en revint, sans y avoir découvert les richesses qu'il cherchait. Il n'en publia pas moins, à son arrivée en Angleterre, une relation remplie des plus séduisantes impostures dont on ait amusé la crédulité humaine.

Les Français n'avaient pas attendu cette publication pour s'occuper d'une contrée si singulièrement célèbre. Longtemps auparavant, ils s'étaient livrés au préjugé commun avec l'entraînement irréfléchi qui les caractérise trop souvent. La Guyane parut au ministère une ressource précieuse pour réparer de grandes fautes. Cette pensée reposait sur des considérations assez plausibles.

L'Amérique, en effet, se présente à l'Europe sous deux faces et sous deux rapports. Elle offre à nos émigrations deux zones à peupler et à cultiver; la zone torride et la zone tempérée du nord.

La première, plus féconde, plus riche, devait jeter d'abord un plus grand éclat, et donner une influence plus prompte et plus étendue aux puissances qui s'en occupaient. Faite, ce semble, pour le despotisme, parce que la chaleur du climat et la fertilité du sol y façonnent les âmes à l'esclavage par l'amour du repos et du plaisir, elle devait être occupée par des monarchies absolues, et peuplée d'esclaves qui n'y cultivent que des productions propres à énerver la vigueur et le ressort des fibres en multipliant des sensations vives. Les mines dont elle abonde, donnant les richesses sans le travail, devaient doublement hâter la caducité des États, par l'irritation des désirs et la facilité des jouissances. Les peuples qui occupent cette zone devaient tomber dans la mollesse, ou se précipiter dans les entreprises d'une ambition d'autant plus ruineuse, qu'elle serait d'abord aisée à satisfaire. Prenant le fruit ou le signe des richesses pour le principe créateur des forces politiques, ces États s'imaginèrent qu'avec de l'argent ils auraient les nations à leur solde, comme ils avaient des nègres à leur chaîne, sans prévoir que ce même argent, qui donne des alliés, en ferait autant d'ennemis puissants, qui, joignant à leurs armes les richesses étrangères, se serviraient de ce double instrument pour tout détruire.

Le Forban Teach, page 123.

La zone tempérée de l'Amérique septentrionale ne pouvait, au contraire, attirer que des peuples laborieux et libres. Elle n'offre que des productions communes et nécessaires, mais qui sont, dès lors, une source éternelle de richesse et de force véritables. Elle favorise le développement de la population, en fournissant matière à cette culture paisible et sédentaire qui fixe et multiplie les familles, et qui, n'irritant point la cupidité étrangère, préserve des invasions. Elle s'étend dans un continent immense, sur un front large et partout ouvert à la navigation. Ses côtes sont baignées par une mer presque toujours libre, et couvertes de ports sûrs et nombreux. Les colons y sont moins éloignés de la métropole, vivent sous un climat plus analogue à celui de leur patrie, dans un pays propice à la chasse, à la pêche, à l'agriculture, à tous les exercices et aux travaux qui nourrissent les forces du corps, en préservant l'âme des vices corrupteurs.

Il était donc essentiel, pour les colonies du Midi, qu'elles eussent des racines de population et de vigueur dans le Nord, pour s'y ménager un commerce d'échange entre les denrées de luxe et les denrées nécessaires; une communication qui pût donner des renforts en cas d'attaque, un asile en cas de défaite, un contrepoids des forces de terre à la faiblesse des ressources navales. Lorsque la France eut perdu le Canada, la cour de Versailles se décida à chercher de l'appui sur un autre point; et elle espéra le trouver dans la Guyane, en y établissant une population nationale et libre, capable de résister par elle-même aux attaques étrangères, et propre à voler, avec le temps, au secours des autres colonies, lorsque les circonstances pourraient l'exiger. Tel fut évidemment son système. Jamais il ne lui tomba dans l'esprit qu'une région ainsi habitée, pût jamais enrichir la métropole par la production des denrées propres aux colonies méridionales. Les bons principes lui étaient trop familiers, pour ignorer qu'il n'est pas possible de vendre, sans suivre le cours du marché général; qu'on ne peut atteindre ce but qu'en cultivant avec aussi peu de frais que ses rivaux ; que des travaux faits par des hommes libres sont, de toute nécessité, infiniment plus chers que ceux qui sont abandonnés à des esclaves. En politique sage, le ministère, ne sacrifiant pas la sûreté aux richesses, ne se proposait que d'élever un boulevard pour défendre les possessions françaises. Mais le génie, surtout le génie impatient de jouir, ne prévoit pas tout. On s'égara, parce qu'on crut que les Européens soutiendraient, sous la zone torride, des fatigues qu'impose le défrichement des terres ; que des hommes qui ne s'expatriaient que dans l'espérance d'un meilleur sort, s'accoutumeraient aisément à la subsistance précaire d'une vie sauvage, dans un climat moins sain que celui qu'ils quittaient ; et enfin qu'on parviendrait à établir des liaisons faciles et importantes entre la Guyane et les îles françaises.

Ce mauvais système, dans lequel le gouvernement se laissa entraîner par des esprits audacieux que la présomption aveuglait, ou qui sacrifiaient la fortune publique à leurs intérêts particuliers, fut aussi follement exécuté qu'il avait été légèrement adopté. Tout y fut combiné sans principes, sans intelligence des rapports que la nature a mis entre la terre et les hommes. Ceux-ci furent distribués en deux classes, l'une de propriétaires avides, et l'autre de malheureux mercenaires. On ne vit pas que cette distribution, qui se trouve établie en Europe et chez presque toutes les nations civilisées, n'est que le triste ouvrage de la guerre, des révolutions et des hasards infinis que le temps amène; que c'est la suite des progrès de la société artificielle, fondée sur la violence, mais non la base et le fondement de la société naturelle, qui proclame la fraternité humaine, l'égalité des droits comme l'égalité des devoirs, et qui, dans l'origine des temps et des choses, voulait que tous ses membres participassent aux biens d'une propriété commune. On s'écarta de cette règle sacrée du droit qu'ont tous les hommes, sans exception, à l'usufruit de la terre, en ne destinant des terres, dans la Guyane, qu'aux gens qui pourraient s'y transporter avec des fonds et des avances pour la culture. Les autres, dont on tenta la misère par des espérances vagues ou équivoques, furent exclus de ce partage du sol.

Ce fut un crime de lèse-humanité, en même temps qu'une faute politique. Si l'on eût accordé une portion de terrain à défricher à tous les nouveaux colons qu'on jetait dans cette contrée, nue et déserte, chacun l'eût cultivée d'une manière proportionnée à ses forces et à ses moyens, l'un avec son argent, l'autre avec ses bras. Il ne fallait ni rebuter ceux qui avaient des capitaux, parce que c'étaient des hommes très précieux pour une colonie naissante, ni leur donner une préférence exclusive, de peur qu'il ne trouvassent pas de coopérateurs qui voulussent se mettre dans leur dépendance. Il était indispensable d'offrir à tous les membres de la nouvelle transmigration une propriété où ils pussent faire valoir leur travail, leur industrie, leur argent, en un mot toutes leurs facultés plus ou moins étendues. On devait prévoir que des Européens, quelle que fût leur situation, ne quitteraient point leur patrie sans l'espérance d'un avenir probable et protégé ; et que, tromper leur espoir et leur confiance à cet égard, serait ruiner la colonie dont on projetait la création.

Le gouvernement se chargea vainement de fournir, pendant deux années, à la subsistance des colons. C'était trop de provisions à la fois ; elles devaient se gâter, soit dans le trajet, soit au terme ; le transport seul en en consommant une partie et altérant le reste, ne pouvait que les rendre chères, rares et nuisibles. Un climat chaud, un pays humide étaient un double principe de corruption pour les aliments, d'épidémie et de mortalité pour les familles des pauvres émigrés. Douze mille hommes furent débarqués, après une longue navigation, sur des plages désertes et presque partout impraticables.

On sait que, sous la zone toride, l'année est partagée en deux saisons, l'une sèche, et l'autre pluvieuse. A la Guyane, les pluies sont si abondantes, depuis le commencement de novembre jusqu'à la fin de mai, que les terres sont submergées et hors d'état d'être cultivées. Les douze mille victimes furent déposées sur les bords du Kourou, sur une langue de sable, parmi des îlots malsains, et sans autre abri qu'un mauvais appentis. C'est là que, livrés à l'inaction, à l'ennui, à tous les désordres que produit l'oisiveté dans une foule d'hommes transportés de loin sous un nouveau ciel, aux misères et aux maladies contagieuses qui naissent d'une semblable situation, ils finirent leur triste destinée dans les horreurs du désespoir. Leurs cendres crieront à jamais vengeance contre les inventeurs ou les fauteurs d'un projet funeste, qui a fait périr à si grands frais tant de malheureux à la fois, comme si la guerre, dont ils étaient destinés à combler les vides, n'en avait pas assez moissonné dans le cours de huit années. Pour qu'il ne manquât rien à ce désastre, il fallait que quinze cents hommes échappés à la mortalité fussent la proie d'une inondation. On les avait distribués sur des terrains fangeux, où ils furent submergés au retour des pluies. Tous y périrent, sans laisser la moindre trace qui pût garder leur mémoire.

Après la chute de ce déplorable établissement, les Anglais vinrent à leur tour tenter un essai de colonisation sur les bords du Surinam. Ils y poussaient leurs travaux avec quelque succès, lorsqu'ils se virent attaqués, en 1667, par les Hollandais, qui, les trouvant dispersés dans un trop vaste espace, n'eurent pas beaucoup de peine à les réduire. On les transporta quelques années après, au nombre de douze cents, à la Jamaïque, et la colonie fut assurée à la Hollande par des traités ultérieurs.

Les sujets de cette république, uniquement occupés du commerce, n'avaient jamais eu la passion de l'agriculture. Surinam se ressentit quelque temps du goût exclusif de ses nouveaux possesseurs. A la fin, la compagnie hollandaise qui administrait ce pays fit abattre des bois, partagea une partie du sol aux habitants, et les pourvut d'esclaves. Tous ceux qui voulurent occuper ces terres en obtinrent la propriété, en s'engageant à payer successivement, de leurs productions, le prix dont chaque lot de terrain était acheté ; ils eurent même la liberté d'en disposer en faveur de tout acquéreur qui consentirait à se charger de la portion de la dette qui ne se trouverait pas acquittée au moment de la cession. Le succès de ces premiers établissements donna naissance à un grand nombre d'autres, qui s'étendirent peu à peu jusqu'à vingt lieues de l'embouchure du Surinam et du Comminwine, qui se jette dans ce fleuve. On les aurait poussés même beaucoup plus loin, si l'on n'avait été arrêté par les nègres fugitifs qui, retranchés dans des forêts inaccessibles, où ils avaient retrouvé la liberté, ne cessaient d'infester les abords de la colonie.

Les difficultés qui s'opposaient au défrichement demandaient ce courage extraordinaire qui fait tout braver, cette résolution qui fait surmonter tous les obstactes, à force de persévérance. La plupart des terres qu'il s'agissait de mettre en valeur étaient couvertes de quatre à cinq pieds d'eau à chaque marée. En multipliant les fossés et les écluses, on parvint à dessécher ce sol, et les Hollandais ont eu la gloire de dompter l'Océan dans le Nouveau-Monde comme dans l'Ancien; on leur vit même donner à leurs plantations cette propreté qui les caractérise partout, et des commodités qu'on ne trouve pas dans les possessions anglaises ou françaises les plus florissantes. Un des moyens qui encouragèrent le plus les travaux, fut la facilité extrême avec laquelle les colons trouvèrent à se procurer des fonds. Ils obtinrent, à six pour cent d'intérêt, tout l'argent qu'ils pouvaient employer, mais sous la condition formelle que leurs terres resteraient hypothéquées à leurs créanciers ; et que, jusqu'à parfait payement des avances faites, ils seraient obligés de livrer à ceux-ci la totalité de leurs productions, au prix courant de la colonie.

A l'aide de ces secours, il se forma, sur les bords du Surinam, ou à peu de distance de ce fleuve, quatre cent vingt-cinq habitations qui, en 1712, étaient cultivées par quatre-vingt-quatre mille cinq cents nègres, sous la direction de quatre mille colons. Le coton, le café, le cacao, le sucre, y donnaient de riches produits.

Puisque nous en avons l'occasion, et par une digression que nous pardonneront facilement nos jeunes lecteurs, puisque c'est à l'avantage de leur instruction que nous nous la permettons, consacrons deux ou trois pages à ce produit des colonies si apprécié, le café.

Le *cafier*, ou arbre à café, originaire de l'Arabie, où la nature, avare pour les besoins de l'homme, est prodigue pour son luxe, fut longtemps exclusivement tiré de cette contrée. Les tentatives inutiles que faisaient les Européens pour en faire germer le fruit, leur avaient persuadé que les habitants du pays le trempaient dans l'eau, ou le faisaient sécher au four avant de le vendre, pour conserver à jamais le monopole d'un commerce qui formait toute leur richesse. On ne fut détrompé de cette erreur que lorsqu'on eut essayé de transporter l'arbre même à Batavia, et ensuite à Surinam. L'expérience fit voir qu'il en était du cafier comme de beaucoup d'autres plantes, dont la semence ne lève point, si elle n'est mise en terre avant son entier desséchement.

Le fruit du cafier ressemble à une cerise. Il est en grappe et rangé le long des branches, sous les aisselles des feuilles, vertes comme celles du laurier, mais un peu plus longues. On le cueille lorsqu'il est d'un rouge foncé, et on le porte au moulin. Ce moulin est composé de deux rouleaux de bois, garnis de lames de fer, longs de dix-huit pouces sur dix ou douze de diamètre. Ils sont mobiles, et, par le mouvement qu'on leur donne, ils s'approchent d'une troisième pièce immobile, qu'on nomme *mâchoire.* Au-dessus des rouleaux est une trémie dans laquelle on met le café, qui, tombant entre les rouleaux et la mâchoire, se dépouille de sa première peau, et se divise en deux parties, dont il est composé, comme on le voit par la forme du grain, qui est plat d'un côté et arrondi de l'autre. En sortant de cette machine, il entre dans un crible de laiton incliné, qui laisse passer la peau du grain à travers ses fils, tandis que le fruit glisse et tombe dans des paniers, d'où il est transporté dans des vaisseaux pleins d'eau, où on le lave, après qu'il y a trempé une nuit. Quand la récolte en est finie et bien séchée, on remet le café dans une machine qu'on appelle moulin à piler. C'est une meule de bois qu'un mulet ou un cheval fait tourner verticalement autour de son pivot. En passant sur le café sec, elle en enlève le *parchemin*, qui n'est autre chose qu'une pellicule qui se détachait de la graine, à mesure que le café séchait. Débarrassé de son parchemin, on le tire de ce moulin, pour être vanné dans un autre, qu'on appelle moulin à *van*. Cette machine, armée de quatre pièces de fer-blanc posées sur un essieu, est agitée avec beaucoup de force par un esclave, et le vent que font ces plaques nettoie le café de toutes les pellicules qui s'y trouvent encore mêlées. Ensuite il est porté sur une table où les nègres en séparent tous les grains cassés et les ordures qui pourraient y rester. Après ces diverses opérations, le café est prêt à être mis en vente.

L'arbre qui donne ce fruit précieux ne prospère que sous un climat où l'hiver ne se fait pas sentir. Les curieux ne le cultivent ailleurs que dans des serres, en l'arrosant souvent, et uniquement pour le plaisir des yeux. Le cafier se plaît ordinairement sur les collines et les montagnes, où il a le pied presque toujours à sec, et la tête souvent arrosée de douces pluies. Il préfère l'aspect du soleil couchant, et il veut une terre labourée, sans aucun mélange d'herbes parasites. Les plants doivent être mis à huit pieds de distance les uns des autres, et dans des trous de douze à quinze pouces. Naturellement ils s'élèveraient à environ vingt pieds. On les arrête à cinq, pour pouvoir cueillir commodément leur fruit. Ainsi étêtés, ils étendent si loin leurs branches, que le terrain en est entièrement couvert. Le cafier fleurit dans les mois de décembre, de janvier, de février, suivant la température de l'air, ou la saison des pluies, et donne son fruit en octobre et en novembre. Dès la troisième année de sa croissance, il commence à récompenser les soins du cultivateur, mais il n'est en plein rapport qu'à la cinquième. Sujet aux mêmes accidents que la plupart des autres arbres, il est, de plus, exposé à périr, soit par la piqûre d'un ver qui le perce au pied, soit par les coups de soleil qui lui sont aussi funestes qu'aux hommes mêmes. Sa durée dépend de la qualité de la terre où il est planté. Le fond des coteaux qu'il occupe ordinairement est de tuf, ou de pierre calcaire. Dans l'un de ces sols, il meurt, après avoir langui quelque temps ; dans l'autre, ses racines, qui manquent rarement de percer entre les pierres, attirent de la nourriture, donnent de la force au tronc, et le font vivre et produire environ trente ans. Tel est, à peu près, le terme d'un plant de cafiers. Le propriétaire, à cette époque, se trouve sans arbres, et avec un terrain usé, où il n'est possible d'établir aucune espèce de culture. On pourrait dire qu'il a mis son bien à fonds perdu, même pour un temps fort limité. Son sort est désespéré, si le hasard l'a placé dans une île serrée et tout occupée. Mais sur un vaste continent, il peut remplacer un sol entièrement épuisé par un sol libre et vierge, qu'il sera le maître de défricher. C'est cet avantage qui a multiplié, à la Guyane, les plantations de café.

Revenons aux Hollandais et à Jacques Cassard.

L'entrée de la rivière de Surinam est assez difficile, à cause des bancs de sable qui l'obstruent ; cependant, les navires qui ne tirent pas plus de vingt pieds d'eau, peuvent y entrer lorsque la mer est haute. A deux heures de l'embouchure, le Commenwine se jette dans le Surinam. C'est à cette jonction que les Hollandais placèrent leurs travaux de défense ; ils érigèrent une batterie sur le Surinam, une autre batterie sur la rive droite du Commenwine, et une citadelle, appelée Amsterdam, sur la rive gauche. Ces ouvrages formaient un triangle, dont les feux croisés avaient le double objet d'empêcher que les vaisseaux n'allassent plus avant dans l'une des deux rivières, et ne pussent entrer dans l'autre. La forteresse, située au milieu d'un petit marais, n'était abordable que par une étroite chaussée, dont l'artillerie interdisait l'approche: une garnison de huit à neuf cents hommes suffisait à sa défense. Flanquée de quatre bastions, entourée d'un rempart de terre, d'un large fossé plein d'eau, et d'un bon chemin couvert, elle n'avait, d'ailleurs, ni poudrière, ni magasin voûté, ni aucune espèce de casemate. Trois lieues plus haut, on trouvait, sur le Surinam, une batterie fermée, destinée à couvrir le port et la petite ville de Parambiro (1) ; on la nommait le fort Zélandia. Une autre batterie, portant le nom de fort Sommerswelt, couvrait le cours du Commenwine, à une distance à peu près égale. La colonie avait pour défenseurs ses milices, et douze cents hommes de troupes réglées, dont les habitants payaient eux-mêmes la solde par portions égales.

Jacques Cassard arriva le 10 octobre 1712 devant l'embouchure du Surinam, fit mouiller ses vaisseaux au large, s'embarqua, le

(1) Aujourd'hui *Paramaribo*, chef-lieu de la Guyane, sur la rive gauche du Surinam. Vaste rade ; commerce très florissant, 28,000 habitants.

même jour, dans des chaloupes, avec onze cents hommes, et choisit à dessein la nuit pour remonter le cours du fleuve. Les Hollandais, avertis de son approche, s'étaient préparés à une vigoureuse défense ; tous avaient pris les armes. Les fortifications de la ville avaient été mises en état, et plus de quatre-vingts pièces de canon étaient rangées sur le rivage, pour empêcher la descente des Français. Cassard avait espéré surprendre la place. Voyant qu'il était prévenu, il ne recule pas, et prend le parti de triompher à force ouverte. Il fait entrer son escadre dans le fleuve, et donne ordre à ses troupes de se tenir prêtes immédiatement pour la descente. Mais les vaisseaux qui devaient favoriser le débarquement, en battant les forts de leur artillerie, ayant échoué à deux portées de canon de la place, il fallut attendre que la marée vînt les remettre à flot.

La nature n'avait pas seulement fait de Cassard un habile marin, elle l'avait doué en outre des talents d'un ingénieur. Naguère encore, il avait été chargé de diriger des travaux importants à Toulon, et cette puissante cité maritime lui devait une partie de ses fortifications. Cette facilité de son génie fut d'un grand avantage à Cassard dans ses diverses entreprises contre les places d'Afrique et d'Amérique. Le temps qui se passa, avant que la marée montante eût relevé ses vaisseaux, fut employé par lui à examiner en détail la ville hollandaise, ses abords, son château, et à sonder le fleuve. Cette étude lui signala des obstacles inattendus à surmonter. Le Surinam, en se rétrécissant, formait un coude vis-à-vis de la ville et du château ; le passage, qui se trouvait à une portée de fusil environ, était défendu par cent trente pièces de canon. Il fallait essuyer le feu de cette formidable artillerie, passer de l'autre côté de la rivière, se frayer ensuite, par terre, un chemin qui traversât le coude d'un bout à l'autre, et rendît libre la communication des troupes avec les vaisseaux, en empêchant celles de la ville avec les habitations du dehors.

Cassard détacha cent grenadiers, sous la conduite du capitaine Beaudinard, pour chercher une route à travers les bois et les marais. Ils réussirent à l'ouvrir, sinon à la trouver toute faite, et s'emparèrent d'une habitation située de l'autre côté du fleuve. Un second détachement fut envoyé pour soutenir le premier dans ce poste. Deux jours après, Cassard se mit en devoir de traverser lui-même la rivière dans des chaloupes avec le reste de ses soldats, en se faisant suivre de la frégate *la Méduse*, commandée par le capitaine d'Héricourt, et de deux bateaux chargés de vivres et de munitions de guerre.

Il avait attendu que la nuit fût close, pour tenter ce passage; mais les Hollandais, qui se tenaient sur leurs gardes, avaient éclairé les deux bords du Surinam. Ils aperçurent les Français, et dirigèrent contre eux un feu très vif, qui, heureusement, ne tua ou ne b essa que fort peu de monde. La frégate *la Méduse* passa, avec les deux bateaux de suite ; mais comme les canons de l'ennemi s'étaient particulièrement dirigés de son côté, elle fut criblée de boulets, et mise dans l'impossibilité de continuer ses manœuvres. Cassard vit le danger dans lequel elle se trouvait, et celui du capitaine d'Héricourt, qui se conduisit dans toute cette affaire avec une capacité égale à sa valeur. Cassard vole, dans un canot, au secours de *la Méduse*, malgré une grêle d'artillerie et de mousqueterie sous laquelle on essaye de l'ensevelir ; il remorque la frégate avec l'aide de ses deux bateaux, la met hors de portée du feu de l'ennemi, et la fait réparer avec une extrême célérité. Toutes ses troupes ayant enfin traversé le fleuve, il établit un camp dans l'habitation dont le capitaine Beaudinard s'était rendu maître, et y laissa la moitié de son monde, sous les ordres du capitaine de Sorgues. Il détacha ensuite un officier du nom de d'Espinay, avec cinquante grenadiers, pour aller prendre un poste avantageux, qui, une fois occupé, devait lui servir à couper aux ennemis toutes leurs communications.

Quant à lui, à la tête d'un autre détachement, il alla, à plus de vingt lieues, s'emparer d'un poste non moins utile à ses opérations, en remit le commandement au capitaine de Grasse, et revint à son camp.

Pendant son absence, le gouverneur hollandais avait essayé, mais sans succès, de chasser les Français d'un des postes précédemment occupés. Cassard, aussitôt son retour au camp, procéda avec une telle vigueur, qu'il força les Hollandais à évacuer toutes leurs sucreries, qu'il fit réduire en cendres. Enfin, la marée montante ayant relevé et mis à flot ses bâtiments échoués, les canons et les bombes commencèrent à éclater tout à la fois du fleuve et de la terre, contre la ville et les forts. Les Hollandais se défendirent vaillamment; encore un moment, et il semblait qu'ils allaient être ensevelis sous les décombres de leur cité. Dans cette terrible extrémité, le gouverneur envoya un parlementaire au camp de Cassard, pour lui offrir de racheter la colonie de Surinam, moyennant une contribution dont on conviendrait avec le vainqueur. Cassard y consentit, et la ville paya, tant en sucre qu'en argent monnayé et en nègres, une rançon de deux millions quatre cent mille livres, valeur du temps. Cette somme représentait à peu près une année du produit de la colonie hollandaise. Le butin fait précédemment par les troupes françaises dans les habitations, ne fut pas compté dans cette capitulation.

Dès le lendemain, le capitaine de Grasse fut détaché de l'escadre, avec une frégate, une galiote à bombes et deux bateaux armés, pour aller attaquer Berbiche et Essequibo, deux petites colonies sur la côte de la Guyane hollandaise, qui furent, en peu de temps, réduites à se soumettre et à payer rançon.

Après ces succès, la Martinique revit, pour la quatrième fois, l'heureux et brave Cassard.

Le célèbre co saire en repartit bientôt, pour cingler vers Saint-Eustache et Curaçao (1), petites îles que la Hollande possédait dans l'archipel des Antilles. La première capitula, sans presque résister. La seconde, qui avait été le but malheureux d'une expédition du vice-amiral Jean d'Es-

(1) Aujourd'hui Curaçao, chef-lieu du gouvernement et de l'île de ce nom. La population totale de l'île est de 32,162 habitants et est ainsi répartie : Curaçao, 19,596. — Araba, 2,748. — Saint-Martin, 3,127. — Saint-Eustache, 1,927. — Bonairo, 2,903. — Saba, 1,861.

trées, en 1678, après sa conquête de Tabago, devait opposer une défense plus redoutable.

Le vice-amiral d'Estrées, qui avait des prétentions extrêmes sur son p[illegible] avoir d'homme de mer, prétentions dont le malheureux effet n'était pas seulement de dédaigner les conseils de ses capitaines de navire, mais encore de décourager leur zèle et leurs services par des rebuffades souvent grossières, avait fait naufrage et perdu presque tous ses bâtiments sur les récifs à fleur d'eau, dont les parages de Curaçao sont couverts. Jacques Cassard, instruit par cet exemple, devait prendre ses mesures pour en éviter le retour. Le conseil, assemblé à bord du vaisseau commandant, fut d'opinion que Cassard compromettrait sa gloire et la sûreté de son escadre en risquant une entreprise que beaucoup de gens considéraient comme excessivement téméraire. En effet, la ville de Curaçao, sans compter sa population, renfermait une garnison supérieure en nombre aux troupes que le corsaire français avait sous ses ordres, et toutes les fortifications étaient garnies d'une imposante artillerie. Cassard recueillit d'un air calme tous les avis, et, prenant sur lui la responsabilité de l'événement, il démontra que le succès était non seulement possible mais assuré, et il réussit à faire passer dans tous les cœurs la courageuse ardeur qui l'animait.

L'attaque fut décidée. Le 18 février 1713,

une descente fut opérée dans la baie de Sainte-Croix, à cinq lieues de la ville de Curaçao. La précaution que prit Cassard de tenir ses vaisseaux en travers, jeta de l'inquiétude parmi les Hollandais, et les engagea à diviser leurs forces; mais un accident imprévu fut sur le point de déconcerter les projets du commandant français. *Le Rubis*, capitaine *de Sabran*, fut emporté par les courants, avec deux autres vaisseaux chargés de troupes, de mortiers et de boulets. Cassard n'avait plus à sa disposition que onze cents hommes ; mais le cœur ne lui faillit point en cette grave circonstance : son courage et son habileté suppléèrent au nombre. A la tête de six cents soldats, il marche contre un détachement de huit cents

Hollandais, retranchés sur le sommet d'une montagne qu'il fallait franchir avant d'atteindre la ville de Curaçao ; ses troupes, animées par son exemple, gravissent la montagne, l'arme en avant, et avec une telle résolution, que, dès le premier choc, les ennemis sont forcés de se retirer dans leurs retranchements, où on les poursuit, sans leur laisser le temps de respirer. Partout Cassard est le premier ; tous les coups des Hollandais sont dirigés sur lui ; il est blessé au pied, on l'emporte ; mais il ne cesse point de donner ses ordres et de diriger les opérations. La confusion s'était mise un moment, après cet accident, parmi les troupes françaises ; mais le capitaine d'Espinay n'avait pas tardé à les rallier et à les ramener contre l'ennemi. La résistance des Hollandais est opiniâtre ; mais à la fin, forcés dans tous leurs retranchements, ils abandonnent leurs bagages, leurs armes, et jusqu'à leurs drapeaux.

Cassard laisse à d'Espinay le soin de conserver le poste dont on vient de se rendre maître. *Le Rubis* et les deux autres vaisseaux que les courants avaient entraînés, étant parvenus à rejoindre l'escadre, il ordonna à Beaudeville, commandant de l'artillerie de se porter en avant, et d'aller prendre position, avec les canons et les mortiers tirés des vaisseaux, pour battre immédiatement, et sans relâche, le fort et la ville de Curaçao. Beaudeville forme aussitôt un détachement de onze cents hommes, dont trois cents flibustiers, entre dans un défilé défendu par douze cents Hollandais et treize pièces de canon; il fait mettre à ses gens la baïonnette au bout du fusil, s'élance à l'ennemi, renverse tout ce qui s'oppose à sa course, et force le reste à se replier vers la ville, en abandonnant au vainqueur deux batteries qui fermaient le chemin de Curaçao.

Les Français n'interrompent pas un instant leur marche victorieuse. Le 26 février 1713, ils arrivent devant la place; Beaudeville ouvre sur-le-champ la tranchée devant le fort, fait mettre six mortiers en batterie, et commence le bombardement. Cassard envoie l'ordre au commandant de l'artillerie de menacer le gouverneur hollandais de mettre le feu à la ville, s'il ne la rend au plus vite. Celui-ci n'obéit point aux premières sommations; mais enfin, désespérant de pouvoir prolonger sa défense, il consentit à capituler, et racheta la place au prix de six cent mille livres.

Après cette nouvelle expédition, qui termina sa campagne d'Amérique, Cassard alla se rétablir de sa blessure et réparer ses vaisseaux à la Martinique, où, dans ses différents voyages, il avait porté, en moins d'une année, une valeur d'environ neuf à dix millions de livres, enlevées aux ennemis de la France.

Une escadre commandée par une des créatures de Jérôme Pontchartrain, homme au-dessous du vulgaire par son obscurité et son inexpérience, vint alors se joindre à la sienne, et Cassard eut, pour prix de ses brillants services, la mortification de se trouver en sous-ordre, au grand mécontentement des braves gens qu'il avait toujours conduits à la victoire.

C'était un modérateur, et même moins que cela, qu'on lui avait envoyé. Comme la paix était près de se conclure en Europe, si même elle ne l'était déjà, on semblait craindre que quelque grand coup de main, quelque brillant triomphe, remporté de nouveau, contre les Anglais surtout, par le corsaire nantais, ne vînt tout gâter. On ne put toutefois empêcher que, sur sa route de retour de la Martinique en France, il n'attaquât et dispersât, avec sa seule escadre, l'autre restant inactive, une flotte anglaise, à laquelle il enleva deux vaisseaux. A son arrivée à Toulon, Cassard apprit qu'on l'avait nommé capitaine de vaisseau et chevalier de Saint-Louis. C'était bien peu, sans doute, pour tant d'exploits, surtout quand la paix allait encore mettre prématurément fin à une carrière si pleine encore d'avenir ; ce n'était pas du moins l'ingratitude immense que l'on montra sous le règne suivant.

Duguay-Trouin, élevé par Louis XV au grade de lieutenant général des armées navales que l'on ne possédait pas, avait eu, en 1733, quelque espérance de voir le gouvernement sortir de sa torpeur. L'Angleterre paraissant alors ne tenir compte de la longanimité de la France que pour se déclarer ouvertement contre elle, dès que l'heure lui paraîtrait opportune de se jeter sur ses colonies, et de tarir d'un seul coup toutes les sources de son commerce, on avait chargé Duguay-Trouin de l'armement et du commandement de seize vaisseaux et de quatre frégates. Mais cet éclair d'énergie dura à peine le temps d'être aperçu, et tout, dans les ports militaires de France, rentra bientôt dans le silence et le néant. Duguay-Trouin dut mourir sans que le règne de Louis XV lui eût fourni une page digne d'être ajoutée à l'histoire de ses campagnes ; sans avoir pu saisir encore une fois l'occasion de rabaisser l'insolence de l'Angleterre, et d'amener, comme jadis, dans les ports de France, les prises faites sur elle, en souriant aux matelots bretons et normands qui criaient ironiquement: « Place aux maîtres de la mer! »

A présent, ils étaient bien les maîtres, en effet, ces Anglais, et l'ironie, pas plus que la gloire maritime, n'était de saison pour les Français, courbés sous le joug d'une monarchie de courtisans. A la première nouvelle de ce petit armement de 1733, nombre de vieux marins, en grande estime et réputation sous le règne précédent, qui avaient pris, comme Duguay-Trouin, cet effort au sérieux, et qui déjà croyaient que leurs beaux jours allaient revenir, que le pavillon national allait reprendre fièrement la mer, et que les ports du royaume seraient à peine assez nombreux pour recevoir les nouvelles captures qu'ils méditaient. Parmi ces rêveurs, il y en eut un qui, faisant violence à sa misanthropie naturelle, reparut à Versailles sous l'habit de corsaire qu'il portait autrefois et qu'il avait illustré. C'était un costume peu en harmonie avec les nouvelles habitudes du lieu, quelque vieux pourpoint, troué, sans doute, par les balles des ennemis de la France ; car les marins de cour, qui circulaient alors dans l'antichambre du roi, toisant du coin de l'œil l'homme et l'habit, se demandaient entre eux quel était cet individu, qui se permettait de s'introduire à la cour avec un pareil accoutrement. Heureusement, Duguay-Trouin était là, qui les entendit ; car, dans leur morgue insolente, ces valets de la faveur n'auraient sans doute pas épargné au vieux marin l'injure de leur persifflage.

« Comment! s'écria le vainqueur de Rio-Janeiro, vous ne connaissez pas M. Jacques Cassard! Mais, messieurs, je rougis, pour vous tous, d'une telle ignorance ! C'est le plus grand homme de guerre, sachez-le bien, que la France possède à présent! Je donnerais toutes les actions de ma vie pour une seule des siennes. Avec un seul vaisseau, M. Cassard, que voilà, faisait plus de besogne que maint grand seigneur n'a fait de bruit à la tête d'une escadre entière! »

L'apostrophe était rude, mais méritée; les courtisans se turent; et la généreuse conduite de Duguay-Trouin nous fait connaître assez les vanités de cette cour, où l'on ne daignait pas même savoir le nom du héros de San-Yago, de Curaçao et de Surinam. Encore, si l'on s'était borné à ne pas le connaître, l'histoire n'aurait à enregistrer qu'un ridicule de cette époque. Mais, lorsque Jacques Cassard eut obtenu, à force d'instances et d'humiliantes sollicitations, une audience du ministre ; lorsqu'on l'entendit réclamer, avec trop d'âpreté peut-être, âpreté qui toutefois portait en elle sa légitime excuse, le remboursement de trois millions qu'il avait avancés à l'État, sur ses prises, dans les années malheureuses de Louis XIV, on ne lui répondit qu'en le faisant jeter dans les prisons du château de Ham, où il languit jusqu'en 1734, et mourut de misère et de désespoir, 1740.

# LE FORBAN TEACH

## DIT BARBE-NOIRE (*Black-Beard*)

Édouard Teach était natif de Bristol. Il avait fait, dans sa première jeunesse, plusieurs courses avec des armateurs de la Jamaïque, pendant la dernière guerre des Anglais contre la France ; et quoi qu'il se fût toujours distingué par son intrépidité et son sang-froid, il n'avait encore pu s'élever au commandement d'un navire, lorsque lassé des lenteurs de la fortune, il s'associa avec un forban célèbre, Hornigold, et embrassa le métier de pirate, deux ans avant la paix d'Utrecht.

Au commencement de l'année 1713, Teach et Hornigold partirent ensemble de l'île de la Providence et firent voile vers le continent américain. Ils capturèrent dès les premiers jours plusieurs petits bâtiments de commerce ; et après s'être radoubés sur les côtes de la Virginie, après une violente tempête qui avait failli les engloutir, ils reprirent la mer et enlevèrent un vaisseau français, qui arrivait de la Guinée, avec une cargaison d'esclaves destinée pour la Martinique. Hornigold donna à son associé le commandement de ce vaisseau et retourna à l'île de la Providence, où, se trouvant suffisamment enrichi, il fit sa soumission entre les mains du gouverneur.

Teach, resté seul, arma son vaisseau de quarante-six pièces de canon et lui donna le nom de *la Revanche*. Il alla croiser aux environs de l'île Saint-Vincent, où il s'empara d'un bâtiment richement chargé, auquel il mit le feu, après l'avoir pillé. Quelques jours après cette prise, il fut rencontré par *le Scarborough*, de quarante canons, qui lui donna une chasse si active et si persévérante, que Teach, serré de près et déjà criblé de mitraille, n'avait plus d'autre alternative que d'accepter les risques d'un combat ou de se voir couler à fond. La lutte s'engagea, de part et d'autre, avec furie ; mais après quatre heures de canonnade et de mousqueterie, *le Scarborough,* trop lourd pour la manœuvre et contrarié par le vent, quitta de lui-même la partie et reprit la route de la Barbade. Teach, heureux d'être quitte à si bon marché, ne songea guère à le poursuivre, et mit le cap vers l'Amérique espagnole. Il rencontra, chemin faisant, une galiote montée par des aventuriers de sa nation, qui rôdaient sous la conduite d'un gentilhomme de bonne maison, nommé le major Bonnett, qui avait des propriétés aux îles Bermudes, et qui, disait-il, faisait de la piraterie pour utiliser ses loisirs. Le capitaine Teach n'eut pas besoin d'observer longtemps la marche de cette galiote, pour reconnaître que Bonnett était fort inhabile marin; il y fit passer son lieutenant Richards du consentement de l'équipage, et installa le major sur son propre vaisseau, en lui donnant le titre de commandant en chef des troupes de débarquement, titre qui devait mieux convenir à un ancien officier de terre, et que le major accepta. Leur course fut heureuse, et se termina, au mois de juin 1713, par la capture successive de trois navires anglais, et de deux bâtiments français. Teach en fit incendier quatre, parce qu'il manquait de monde pour les monter, et conduisit le cinquième à la

Caroline septentrionale, où, en offrant au gouverneur une forte portion de son riche butin, il obtint la liberté de jeter l'ancre, et de vaquer tranquillement à la vente du reste, dont le prix fut partagé entre ses compagnons.

Dès qu'il y fut arrivé, il alla trouver le gouverneur avec quatre autres de sa troupe. Ils déposèrent tous, sous serment, qu'ils avaient trouvé ce vaisseau sans qu'il y eût personne à bòrd ; sur quoi on tint conseil, qui le déclara de bonne prise. Le gouverneur eut pour sa part soixante caisses de sucre, et un certain M. Knight, qui était son secrétaire et collecteur de la province, en eut vingt ; le reste fut partagé entre les pirates.

Les maîtres des chaloupes qui allaient et venaient sur cette rivière, se voyant si souvent troublés par Black-Beard, se consultèrent avec les principaux de la colonie et autres négociants, sur les moyens de faire cesser ces désordres. Ils étaient persuadés, à juste titre, que le gouverneur de la Caroline septentrionale, à qui il appartenait d'y mettre ordre, ne ferait aucune attention à leurs plaintes, et qu'à moins d'avoir du secours de quelque autre endroit, Black-Beard continuerait impunément ses rapines. Ils députèrent donc secrètement au gouverneur de la Virginie, et le sollicitèrent d'envoyer des forces suffisantes pour prendre ou détruire les pirates.

Le gouverneur s'entendit avec les capitaines des deux vaisseaux de guerre *la Perle* et *la Lime*, qui étaient depuis dix mois sur la rivière de Saint-Jacques. Il fut résolu que le gouverneur louerait deux petites chaloupes pour les armer vec partie de l'équipage des vaisseaux de guerre, et qu'on en donnerait le commandement à M. Robert Maynard, premier lieutenant du vaisseau *la Perle*, officier très expérimenté, d'ailleurs brave et résolu, comme on le pourra voir par la conduite qu'il tint dans cette expédition. Les chaloupes étaient bien pourvues de toutes sortes de munitions de guerre et de petites armes ; mais elles n'avaient point de canons.

Le 17 novembre 1718, Maynard sortit de Kicquetant, sur la rivière de Saint-Jacques en Virginie, et le 21 au soir il vint à l'entrée de la petite île d'Okerecock, où il découvrit les pirates. Cette expédition fut ménagée avec tout le secret possible, et conduite par cet officier avec toute la prudence nécessaire. Il arrêta toutes les barques et tous les vaisseaux qu'il rencontrait, pour empêcher que Teach n'en reçût quelque avis, et pour s'informer en même temps de l'endroit où ce pirate se trouvait caché. Mais malgré toutes ces précautions, Black-Beard fut prévenu, par le gouverneur même de la province, du dessein qu'on tramait contre lui, et M. Knight, son secrétaire, lui écrivit là-dessus en particulier, en lui marquant qu'il lui avait envoyé quatre de ses gens, que c'était tout ce qu'il avait pu trouver dans la ville ou aux environs, et qu'il lui recommandait de se tenir sur ses gardes. Ces gens-là étaient de la troupe de Black-Beard, et avaient été envoyés de Bath-Town à la petite île d'Okerecock, où il se tenait avec sa chaloupe. Il y avait environ vingt lieues de l'un à l'autre endroit.

Black-Beard avait souvent eu de semblables avis qu'il n'avait jamais trouvés vrais, ce qui fit qu'il n'ajouta point de foi à ce dernier, et qu'il ne le crut que lorsqu'il vit les chaloupes que l'on avait envoyées contre lui. Dès qu'il fut convaincu que c'était chose sérieuse, il se mit en état de défense, et quoique son équipage ne consistât qu'en vingt-cinq hommes, il publiait partout qu'il en avait quarante. Après avoir donné tous les ordres nécessaires pour le combat, il passa la nuit entière à boire avec le maître d'une chaloupe marchande.

Cependant le lieutenant Maynard s'était arrêté, parce que, cet endroit ayant peu de profondeur et le canal étant embarrassé, il ne pouvait pas, cette nuit, s'approcher plus près de Teach ; mais le lendemain, il leva l'ancre, et ayant envoyé son esquif à la tête de ses chaloupes pour sonder, il arriva enfin à la portée du canon des pirates, dont il essuya le feu. Sur quoi Maynard arbora le pavillon royal, et fit force de voiles et de rames pour avancer. Black-Beard de son côté coupa ses câbles, et fit tout de son mieux pour éviter l'abordage, en faisant un feu continuel de son canon. Maynard qui n'en avait pas, tirait sans cesse de sa mousqueterie, tandis que plusieurs de ses gens ramaient à force. La chaloupe de Teach échoua peu de temps après ; mais comme le bâtiment de Maynard tirait plus d'eau que celui du pirate, il ne put en approcher. Il jeta donc l'ancre à la demi-portée du canon de l'ennemi, à dessein d'alléger son vaisseau pour pouvoir venir à l'abordage. Il ordonna qu'on jetât à la mer tout le lest, qu'on vidât l'eau, qui pouvait être à fond de cale, après quoi il s'avança vers le pirate. Celui-ci le voyant approcher, lui demanda qui il était, et d'où il venait. A quoi le lieutenant répondit : « Vous pouvez voir à notre pavillon que nous ne sommes pas pirates ! »

Black-Beard le somma d'envoyer son esquif à bord, afin qu'il pût savoir qui il était. Maynard ajouta qu'il ne pouvait se passer de son esquif, mais qu'il viendrait lui-même à bord avec sa chaloupe, si cela était possible. Sur quoi Black-Beard ayant pris un verre de liqueur, lui cria après l'avoir bu qu'il voulait que le diable l'emportât, s'il lui faisait aucun quartier, ou s'il lui en demandait.

— Je n'en attends pas de toi, répondit Maynard et tu peux être assuré de n'en point avoir de moi !

Pendant ce temps-là, la chaloupe de Black-Beard était revenue à flot, et celle du lieutenant ramait à toutes forces vers le pirate. Quand elle fut proche, celui-ci lui lâcha toute sa bordée, qui causa d'autant plus de désordre parmi l'équipage du lieutenant, que le canon était chargé à mitraille. Maynard eut vingt hommes de tués ou blessés sur son bord, et neuf sur l'autre chaloupe. Comme le temps était calme, il fut obligé de se servir de ses rames, pour empêcher le pirate d'échapper.

Le lieutenant fit descendre tout son monde, de peur qu'une seconde bordée semblable ne mît fin à cette expédition et ne causât son entière ruine. Il resta seul sur le tillac avec celui qui était au timon, et qui avait grand soin de se tenir caché. Ceux qui étaient à fond de cale avaient ordre de tenir leurs pistolets et leurs sabres prêts pour le combat, et de monter au premier commandement. Lorsque la chaloupe du lieutenant eut abordé celle du capitaine Teach, les gens de ce dernier jetèrent plusieurs grenades d'une nouvelle invention. C'étaient de certaines bouteilles remplies de poudre, de morceaux de fer, de plomb et d'autres ingrédients, lesquelles étant jetées dans un bâtiment, y faisaient des ravages incroyables, et mettaient l'équipage dans une extrême confusion ; mais, par bonheur, elles ne firent en cette occasion aucun mauvais effet.

La plupart des hommes de Maynard étant, comme nous venons de le dire, à fond de cale, Black-Beard ne voyant que peu ou point de monde à bord, dit à ses gens que leurs ennemis avaient péri, à la réserve de trois ou quatre ; « C'est pourquoi, ajouta-t-il, taillons-les en pièces, et jetons-les à la mer. »

A peine eut-il prononcé ces paroles, qu'à la faveur d'une fumée épaisse qui sortait d'une de ces bouteilles, il entra avec quatorze autres pirates dans la chaloupe du lieutenant Maynard, qui ne s'en aperçut que lorsque la fumée commença à se dissiper. Il donna néanmoins le signal convenu à ceux qui étaient à fond de cale ; ils montèrent à l'instant, et attaquèrent les pirates avec toute la bravoure qu'on en pouvait attendre en pareille occasion. Black-Beard et le lieutenant tirèrent l'un contre l'autre leurs premiers coups de pistolet : le pirate fut blessé. Ils se battirent ensuite à coups de sabre. Celui du lieutenant se rompit, et tandis qu'il se retirait pour armer un pistolet, Black-Beard l'aurait percé de son coutelas, si un des gens de Maynard n'eût en même temps déchargé un terrible coup sur le front du pirate, ce qui sauva le lieutenant, qui en fut quitte pour une légère blessure aux doigts.

La mêlée fut fort chaude, et la mer toute teinte de sang aux environs du vaisseau. Maynard qui n'avait que douze hommes avec lui, se battit comme un lion contre Black-Beard qui en avait quatorze. Ce dernier fut blessé d'un coup de pistolet ; il continua néanmoins à se battre avec beaucoup de furie, jusqu'à ce qu'ayant reçu vingt-trois blessures, il tomba mort. Plusieurs d'entre les pirates furent aussi tués ; le reste, la plupart blessés, sauta par dessus les bords et demanda quartier ; ce qui ne prolongea leur vie que pour fort peu de temps. La chaloupe *le Ranger* attaqua en même temps les hommes qui étaient restés dans celle de Black-Beard, et ceux-ci demandèrent aussi quartier.

C'est ainsi que périt ce malheureux, dont la valeur l'eût fait passer pour un héros s'il l'eût employée pour une cause juste et légitime. Sa destruction, qui était d'une si grande importance pour les plantages, fut uniquement due à la bonne conduite et à la valeur du lieutenant Maynard et de ses gens, qui en seraient venus à bout avec moins de perte, s'ils avaient eu un vaisseau armé de gros canons ; mais ils furent obligés de se servir de petits bâtiments, parce qu'il n'était pas possible d'approcher avec de plus gros navires des endroits où les pirates se tenaient cachés. Le lieutenant eut encore assez de peine à l'atteindre, ayant donné plus de cent fois contre terre, sans compter plusieurs autres inconvénients, qui certainement auraient rebuté tout autre officier moins résolu et moins hardi que lui.

Cette bordée, qui fit tant de ravage parmi l'équipage de Maynard, fut ce qui sauva le reste ; car Teach, qui, avant cette bordée, voyait peu d'apparence de pouvoir se sauver, avait déjà posté dans la soute aux poudres un nègre avec une mèche allumée, pour y mettre le feu au moment où il lui en donnerait l'ordre, ce qu'il n'aurait pas manqué de faire dès que le lieutenant et son monde seraient entrés sur la chaloupe, afin de la faire sauter, et d'envelopper en même temps ses vainqueurs dans sa ruine. Deux prisonniers qui étaient à fond de cale eurent bien de la peine à dissuader le nègre de faire ce coup, même après qu'il eut appris la mort de Black-Beard.

Le lieutenant ordonna de couper la tête à Black-Beard, et la fit attacher au haut de son beaupré ; après quoi il partit pour se rendre à Bath-Town, où il voulait faire panser ses blessés. En visitant la chaloupe du pirate, on trouva plusieurs lettres et d'autres papiers, qui découvrirent l'intelligence qu'avait entretenue avec Black-Beard le gouverneur Eden, son secrétaire et quelques négociants de la Nouvelle-York. Il y a apparence que ce dernier aurait brûlé tous ces papiers, pour les empêcher de tomber entre les mains de ses ennemis, si sa résolution n'eût été de se faire sauter en l'air, lorsqu'il aurait perdu toute espérance.

Dès que Maynard fut arrivé à Bath-Town, il se saisit de soixante caisses de sucre dans les magasins du gouverneur, et de vingt appartenant à Knight, son secrétaire, qui étaient leur portion du butin pris sur le vaisseau français. Ce secrétaire ne vécut pas longtemps après cette infâme découverte; car la crainte qu'il eût d'être appelé en justice, pour rendre compte de sa conduite, lui donna une fièvre ardente dont il mourut en peu de jours.

FIN

8245. — Tours, imprimerie Rouillé-Ladeveze.

www.ingramcontent.com/pod-product-compliance
Ingram Content Group UK Ltd.
Pitfield, Milton Keynes, MK11 3LW, UK
UKHW020315250726
13967UKWH00004B/1731